W0035096

SMOOTHIES

pour les petits

sains & gourmands

SMOOTHIES

pour les petits

sains & gourmands

en moins de 10 minutes

LAROUSSE

Irina Pawassar

Sommaire

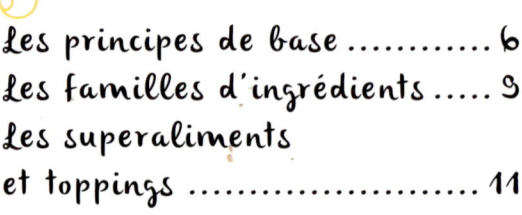

RECETTES

LES PRINCIPES DE BASE

PRÊT EN UN TOUR DE MAIN !

Réunissez dans le blender les ingrédients de votre choix, que vous les ayez trouvés dans le potager ou sur les étals du marché, pour improviser en quelques secondes une délicieuse boisson ! Le blender pulvérise les ingrédients dont les nutriments sont assimilés aussitôt par l'organisme. Cependant, pour profiter au mieux des bienfaits des smoothies, dégustez-les en dehors des repas, de préférence à jeun ou une demi-heure avant de passer à table.

LES ALLIÉS DE VOTRE SANTÉ

Pourquoi pulvériser les herbes et les légumes plutôt que de les hacher ou de les couper, vous demandez-vous ? La réponse est que la pulvérisation permet d'assimiler plus rapidement davantage d'enzymes et de chlorophylle. Quant aux fruits, ils sont bien meilleurs entiers, mais dans les smoothies ils servent d'édulcorant, pour compenser l'amertume de la verdure.

NOUS SOMMES CE QUE NOUS MANGEONS...

La consommation régulière de smoothies, notamment verts, a généralement un effet dynamisant. Les idées semblent plus claires, les papilles gustatives sont plus sensibles. Essayez ! Vous constaterez aussi que vos besoins en sucre

et en sel diminueront. Vous êtes sur la bonne voie pour mettre en place une alimentation saine.

RÉCOLTEZ, MIXEZ, SAVOUREZ !

La nature ne manque pas de richesses capables de flatter nos papilles. Plus un jardin est naturel, plus on peut y dénicher de trésors ultravitaminés, et les enfants adorent partir à la recherche d'ingrédients comestibles. Il suffit ensuite de les mixer avec des fruits pour concocter d'irrésistibles smoothies ! Au départ, mélangez beaucoup de fruits avec un peu de verdure, puis réduisez progressivement les quantités de fruits : petits et grands s'habituent vite aux saveurs moins sucrées.

LE SOLEIL LIQUIDE

La cholorophylle présente dans les végétaux est parfois appelée « soleil liquide » ; elle n'est en effet rien d'autre que l'énergie du Soleil transformée. Consommée régulièrement, elle « recharge nos batteries » et procure une sensation de bien-être. Pour éviter toutefois de vous lasser des smoothies verts, préparez de temps à autre un mélange contenant moins de légumes, en ajoutant davantage de fruits, du lait d'amande ou des superaliments. Rien de tel que la variété, et, heureusement, l'imagination n'a pas de limites !

ÉQUIPEMENT

Un blender ordinaire suffit pour préparer toutes les recettes proposées, mais un appareil haute puissance permet d'obtenir des smoothies plus onctueux. Il vaut la peine d'investir dans un modèle de qualité : vous assimilerez mieux les nutriments et vous pourrez réaliser des recettes comme celle du lait d'amande. Les graines ou les fruits à coque que vous ajouterez dans vos smoothies seront aussi parfaitement mixés. Les modèles à partir de 35 000 tours/minute sont particulièrement recommandés, de plus, les nutriments sont d'autant mieux préservés que le temps de mixage est bref.

DES ORTIES SUR LE BALCON

Les enfants, aujourd'hui, connaissent souvent mal la nature et ses richesses. La plupart d'entre eux ne savent même pas identifier le bon vieux pissenlit ! Des sorties cueillettes suivies de la préparation de smoothies peuvent les rapprocher de la nature tout en renforçant leur système immunitaire. Plus simplement, pourquoi ne pas faire pousser des pissenlits, de l'égopode et des orties sur votre balcon, dans une jardinière ou des pots de fleurs ?

LES FAMILLES D'INGRÉDIENTS

LÉGUMES

Presque toutes les variétés se prêtent à la confection des smoothies, y compris, et tout particulièrement, le chou. Betterave rouge pour le sang, chou vert pour le cerveau, céleri-branche pour la vitamine B... les légumes crus sont bourrés d'enzymes ! Et n'oubliez pas : plus ils sont verts, mieux c'est !

FRUITS

Comme nous l'avons dit plus haut, commencez avec beaucoup de fruits au départ, puis diminuez les quantités. Le plus souvent, la peau ne manque pas de bienfaits, pommes et poires peuvent être mixées entièrement dans un blender puissant, même avec les queues et les pépins ! Privilégiez bien sûr les fruits locaux et de saison !

HERBES

Récoltez le persil, la menthe et l'oseille par poignées entières dans votre jardin, puis associez-les au gré de vos humeurs ! Et pensez aux plantes sauvages, qui n'attendent que d'être cueillies à votre porte. Une seule règle : ramassez uniquement celles que vous connaissez !

ÉPICES

Cardamome, curcuma, vanille, cannelle, gingembre... la liste est infinie ! Les épices apportent leur note exotique irrésistible dans les smoothies.

LIQUIDES

Une eau de source pure est idéale car elle ne contient pas de calories. Sinon, optez pour l'eau de coco, le jus d'orange ou les laits végétaux à base d'avoine, d'amande, de noisette ou de riz.

ÉDULCORANTS

Le sucre de fleur de coco et le sucre de bouleau (xylitol) sont les plus appropriés, car les plus sains. Malgré leur prix, leur achat se justifie !
Le miel peut être une alternative, ainsi que les dattes dénoyautées, qui font un excellent édulcorant.

ASTUCE

Utilisez le mixeur le plus puissant possible pour extraire le meilleur de vos produits !

LES SUPERALIMENTS & TOPPINGS

GRAINES ET FRUITS À COQUE

Bien mixés, ils donnent aux smoothies une consistance onctueuse. Quant aux laits d'amande ou de noisette, ils sont tout simplement irrésistibles !

GRAINES DE CHIA

Énergétique et riche en acides gras oméga-3, ce superaliment en provenance d'Amérique du Sud se mixe facilement dans les smoothies. Si vous utilisez un blender ordinaire, laissez-les tremper au préalable 15 minutes dans de l'eau.

BAIES DE GOJI

Ces petites baies magiques à la saveur délicate, légèrement sucrée, sont gorgées de vitamine C. Elles relèvent les smoothies de leur ravissante couleur rouge. Laissez-les tremper une demi-heure avant emploi. Et en plus, elles sont désormais cultivées en Europe !

GRAINES DE CHANVRE

Choisissez de préférence des graines de chanvre mondées ; elles donnent aux smoothies une consistance onctueuse. Imbattables comme source de protéines, ces graines sont en plus excellentes !

FLOCONS ET EAU DE COCO

Merveilleux pour le système immunitaire et leur teneur en électrolytes, ils apportent une note exotique au plus basique des smoothies. L'eau de coco est encore une denrée méconnue chez nous, mais désormais facile à trouver et tellement savoureuse ! Les enfants thaïs ramassent eux-mêmes les noix de coco dans les arbres et les cassent avec une machette pour boire l'eau.

CACAO AMER ET ÉCLATS DE FÈVES DE CACAO

Le cacao cru, non traité, n'a pas son pareil pour sublimer les smoothies en apportant de précieux anti-oxydants. De toutes façons, quoi de mieux que le chocolat ?

FLEURS

Difficile de croire que tant de fleurs sont comestibles, à condition d'être non traitées. Et elles font merveille dans les garnitures : pâquerettes, violettes, fuchsias ou pétales de roses... Cueillez-les dans la nature ou dans votre jardin.

Une dernière chose...

1 c.c. = 1 cuillerée à café
1 c.s. = 1 cuillerée à soupe

LES RECETTES

Monsieur Fraise

Les délicieuses fraises, juteuses à souhait, renforcent le système immunitaire et font des merveilles avec la menthe, dont les feuilles fraîches et décoratives transforment cette boisson en un délice d'été !

Facultatif : éclats de fèves de cacao, pour la décoration

100 ML D'EAU

3 g de feuilles de menthe (12 feuilles)

UNE DEMI-BANANE

250 g de fraises

15

BANANA JOE

L'ortie est une plante véritablement magique, remplie de fer, et qui pousse partout. Une fois que vous l'aurez adoptée, vous ne pourrez plus vous en passer ! Pour compenser son amertume, ajoutez beaucoup de fruits.

1 PETITE POIGNÉE D'ORTIES (ENV. 20 G) AVEC LES GRAINES, MAIS SANS LES TIGES

150 ML D'EAU

UN KIWI

1 POMME

UNE BANANE

17

Lait rose

Exquise, onctueuse, rose : une boisson
inédite et tout en délicatesse. La rose
est connue depuis longtemps pour
son action anti-inflammatoire.
Quant à la betterave rouge, rien
de tel pour le moral !

1 PETIT MORCEAU DE BETTERAVE ROUGE

(env. 20 g)

1 FLEUR DE ROSE ROUGE

de sucre de fleur de coco ou de xylitol

1 C.S.

250 À 300 G DE LAIT D'AMANDE OU D'AVOINE

2 C.S. DE GRAINES DE CHANVRE MONDÉES

Petit Violet

Dans cette recette estivale,
la douce banane, le précieux pissenlit
et les myrtilles bourrées de vitamine C
composent un breuvage à la couleur
irrésistible, idéal pour les longues
soirées chaudes...

200 ML D'EAU

① Banane

150 à 200 g de myrtilles

FACULTATIF

SUCRE DE FLEUR DE COCO

½ petite poignée de feuilles de pissenlit (25 g)

21

JUS DE DRAGON

Sa saveur rappelle celle du céleri et il est riche en vitamines : c'est l'égopode, ou herbe aux goutteux ! Ses feuilles s'utilisent en cataplasmes pour soulager les brûlures ou les piqûres d'insectes.

150 ML D'EAU

5 ou 6
dattes

½ PETITE
POIGNÉE
D'ÉGOPODE
(ENV. 25 G)
OU D'ORTIES

1 C.C. DE LENTILLES

1
2
3
4
5
6

2 bananes

POMME D'API

Le concombre régule le transit intestinal et il se marie fort bien avec la menthe pour improviser un smoothie rafraîchissant. Ajoutez quelques glaçons : vous obtenez une boisson qui a le goût des vacances d'été !

Conseil
Délicieux aussi avec de l'eau de coco !

150 ML D'EAU

1 pomme

1 C.S. DE SUCRE
DE FLEUR DE COCO
OU DE XYLITOL

½ concombre

env. 6 g
de feuilles
de menthe

jus d'un
demi-citron

Princesse Pastèque

Une mine de vitamine A enrichie de graines de chia : l'élixir santé par excellence à la saveur désaltérante. Un petit peu de zeste de citron (non traité !) apporte un complément de fraîcheur bienvenu.

3 OU 4 GLAÇONS

Facultatif : feuilles de menthe

• 1 c.s. de graines de chia

Jus d'un citron

¼ de Pastèque (env. 500 g)

Rêve tropical

En Inde, la mangue est appelée « fruit divin » en raison de sa douceur et de sa couleur jaune d'or. Elle est mûre à point lorsqu'elle est parfumée et souple sous les doigts. Avec de la banane et du citron vert, elle vous convie à un merveilleux voyage sous les tropiques !

Conseil
Le citron vert peut être remplacé par un simple citron jaune !

200 ML D'EAU

1 petite poignée
d'épinards (env. 20 g)

une mangue (env. 300 g)

jus d'un
citron vert

2 c.s. de copeaux
de noix de coco

UNE BANANE

DRAGON ROUGE

Les framboises nous gratifient de leur saveur raffinée et elles se ramassent à toute vitesse. Les baies de goji rehaussent leur couleur et les graines de chia donnent du peps à revendre !

FACULTATIF :
1 C.S. DE SUCRE DE FLEUR DE COCO OU DE XYLITOL

150 g
de Framboises

1 c.s.
de baies
de goji

réhydratées

1 c.s.
de graines
de chia

(env. 15 g)

50 g de betterave rouge

100 ML D'EAU

ANTI-GRIPPE SHAKE

Le remède parfait pour combattre la grippe : rempli de vitamine C, il contient aussi du gingembre, qui renforce le système immunitaire. Quant au miel, sa douceur vous réchauffera le cœur !

Conseil

Au départ, ajoutez une petite quantité de gingembre, car sa saveur est piquante !

150 ML D'EAU

JUS DI'UN CITRON

Jus d'1/2 orange
DÉLICIEUX
AVEC UN PEU DE ZESTE

5 À 8 G DE GINGEMBRE
(SELON LES GOÛTS)

un kiwi
(avec la peau)

1 C.C.
DE MIEL

1 POMME

BANANA COCO

Des rêves de farniente sur les plages des mers chaudes, voilà ce que suscite ce succulent cocktail. Les graines de chanvre participent à sa texture onctueuse et font aussi une superbe décoration, à moins d'opter pour de la noix de coco râpée.

JOE

1 C.S. DE COPEAUX DE NOIX DE COCO (ENV. 8 G)

1 c.c. de graines de chanvre mondées (env. 10 g)

une ♥ banane

200 ml de lait de riz ou de coco

4 ou 5 dattes

Souris verte

Existe-t-il meilleure alliance que fruits et verdure ? L'ananas apporte son parfum d'ailleurs et les épinards sont bien plus savoureux crus dans un smoothie que cuits... promis juré !

1 PETITE POIGNÉE D'ÉPINARDS
(ENV. 30 G)

1
kiwi
(avec
la peau)

200 g
d'ananas

1 c.s. de graines
de chanvre
mondées

200 ML D'EAU

Figuamande

Ce nectar sorti tout droit des contes des Mille et Une Nuits fait un succulent petit déjeuner ! Avec un soupçon de cannelle, il vous transportera instantanément sur les marchés aux épices du Moyen-Orient...

Conseil

Des figues séchées réhydratées peuvent remplacer les fraîches.

4 FIGUES

1 banane

UNE PETITE POIGNÉE d'amandes
(env. 40 g)

250 ML DE LAIT D'AMANDE

1 PINCÉE DE CANNELLE

Conseil

Avec ½ c.c. de lentilles, ce smoothie sera plus consistant.

Chocorangina

Un smoothie tout indiqué pour les moments festifs : l'association du chocolat et de l'orange évoque des souvenirs réconfortants de bûche de Noël ! Les lentilles, très saines, ont aussi un effet rassasiant (pensez à les moudre avant de les incorporer).

1 c.s. de cacao amer

1 c.s. de graines de chanvre mondées (env. 15 g)

1 ou 2 c.s. de sucre de fleur de coco **ou de xylitol** ★

200 ML DE LAIT D'AMANDE OU D'AVOINE

Jus d'une orange

FACULTATIF :

ÉCLATS DE FÈVES DE CACAO, POUR LA DÉCORATION

Limo verte

Une recette de limonade inédite, beaucoup plus saine que la « vraie » : de la banane pour la note sucrée, des épinards pour l'énergie verte du Soleil, du citron pour la fraîcheur pétillante et des dattes pour le petit plus !

Conseil

Les épinards peuvent être remplacés par de la mâche.

200 ML D'EAU

Jus d'un citron

2 ou 3 glaçons
(EN ÉTÉ)

1 OU 2 PETITES POIGNÉES D'ÉPINARDS

env. 30 g

5 OU 6 DATTES

 1 ba na ne

DaNoLa

Da = dattes, No = noix, La = lait.
Cette préparation toute simple comblera
les gourmands au petit déjeuner ou comme encas
dans la journée. Avec des graines de chanvre,
elle sera encore plus nourrissante. Pour une version
plus légère, remplacez
une partie du lait
d'avoine par de l'eau.

Conseil
Avec un blender puissant,
vous pouvez aussi choisir
des noix du Brésil.

hmmm

5 à 7 dattes

1 TASSE DE NOIX OU DE NOISETTES RÉHYDRATÉES PUIS ÉGOUTTÉES

1 PINCÉE DE CANNELLE

250 ml de lait d'avoine

FACULTATIF : graines de chanvre mondées

BrocoJilly

Le brocoli, excellent pour les muscles et le système immunitaire, s'enrichit de graines de chia pour le tonus. Les becs sucrés peuvent ajouter de la banane.

200 ML D'EAU

80 g de fleurettes de brocoli

1 banane

1 C.C. DE GRAINES DE CHIA

une pomme

1 C.C. de sucre de fleur de coco ou de xylitol

Choucoco

Le chou kale fait merveille dans les smoothies qu'il métamorphose comme par magie en des boissons ultratonifiantes. Essayez cet étonnant cocktail : vous déborderez d'énergie !

Conseil

L'eau de coco peut être remplacée par de l'eau ordinaire.

2 ou 3 feuilles de chou kale (ou de chou de Milan) sans les côtes

une poire

250 g d'eau de coco

une banane

5 ou 6 dattes

MANGO
MANDY

Cette recette est dédiée
à mon amie Mandy.
Son nom n'est cependant pas
un diminutif de « mandarine »,
le fruit qui donne sa ravissante
couleur à ce smoothie.
Et que dire de sa saveur,
tout aussi envoûtante ?

100 À 150 ML D'EAU

3 MANDARINES

1 C.S. DE BAIES DE GOJI

RÉHYDRATÉES (ENV. 8 G)

1 mangue

51

PETIT GARS

Du céleri avec de l'orange ? Surprenant, et pourtant... adieu les rhumes et autres maux de l'hiver ! Ceux qui aiment la saveur de l'orange peuvent remplacer l'eau par du jus d'orange. Le persil apporte sa précieuse dose de fer.

Conseil

Pour booster encore plus votre énergie, ajoutez 1 c.c. de graines de chia réhydratées !

branches de céleri

150 ML D'EAU

un peu de persil

Jus
de 2 ou 3
oranges

1 pomme

Édulcorez
à votre goût

INDEX DES INGRÉDIENTS

À PROPOS DE L'AUTEURE

Depuis de nombreuses années, Irina Pawassar concocte des smoothies pour sa famille et ses amis. Elle a suivi une formation en crudivorisme aux États-Unis et participé à plusieurs séminaires dans le domaine en Irlande. Sa passion pour une alimentation simple, qui renforce notre capital santé, est très communicative. Dans le restaurant munichois Gratitude où elle officie comme chef, elle crée de délicieux smoothies, faisant la part belle à la chlorophylle… et elle n'a pas eu une seule fois la grippe depuis six ans !

SUPER DANKE

La marque Super Danke est née au printemps 2014 de la volonté de quelques passionnés de partager aussi largement que possible leur enthousiasme pour les smoothies verts, aux nombreux atouts santé. Super Danke crée des boissons savoureuses avec des produits frais, locaux et de saison, auxquels s'ajoutent parfois quelques fruits et garnitures exotiques. Outre sa carte alléchante de smoothies verts fraîchement mixés comme le Hulk, le Bloody Hell ou l'Espresso Love, Super Danke propose une formule « détox » à base de jus pressés à froid dans ses deux Adresses munichoises et sa boutique en ligne.

Site de Super Danke :
www.superdanke.com
Adresses à Munich :
Türkenstrasse 66, Maxvorstadt
Fraunhoferstrasse 32, Glockenbach

CRÉDITS PHOTOS :

Toutes les photos sont de Brigitte Sporrer, à l'exception de celle de l'auteure,
p. 48, qui est d'Erik Pawassar, San Francisco

ÉDITION ORIGINALE

© Edition Michael Fischer GmbH, 2016
This translation of SMOOTHIES FOR KIDS first published in Germany
by Edition Michael Fischer GmbH in 2016 is published by arrangement
with Silke Bruenink Agency, Munich, Germany.

ÉDITION FRANÇAISE

Direction de la publication : Isabelle Jeuge-Maynart et Ghislaine Stora
Direction éditoriale : Agnès Busière
Édition : Marion Dellapina
Mise en page : Émilie Laudrin
Couverture : Anna Bardon
Fabrication : Donia Faiz

Toute reproduction ou représentation intégrale ou partielle, par quelque procédé que ce soit,
du texte et/ou de la nomenclature contenus dans le présent ouvrage, et qui sont la propriété
de l'Éditeur, est strictement interdite.

Les Éditions Larousse utilisent des papiers composés de fibres naturelles, renouvelables,
recyclables et fabriquées à partir de bois issus de forêts qui adoptent un système
d'aménagement durable. En outre, les Éditions Larousse attendent de leurs fournisseurs
de papier qu'ils s'inscrivent dans une démarche de certification environnementale reconnue.

© Larousse 2016
ISBN : 978-2-03-592658-6

Photogravure : IGS-CP, 16 L'Isle d'Espagnac
Imprimé en Espagne par Industria Grafica Cayfosa
318029/01 – 11032915 – avril 2016
Dépôt légal : juin 2016